立法 法律をつくる

国会

国会の種類
- 常会（通常国会）……毎年1回
- 特別会（特別国会）…内閣総理大臣を指名
- 臨時会（臨時国会）…内閣が必要と認めたとき、またはどちらかの議院の総議員の4分の1以上が要求したとき召集

衆議院
- 任期…4年
- 定数…475
- 解散…あり

参議院
- 任期…6年
- 定数…242
- 解散…なし

国民（主権者）
- 選挙
- 世論
- 国民審査

衆議院の解散 / 内閣総理大臣の指名・内閣不信任案の決議

弾劾裁判（裁判官の裁判）の実施

違憲立法審査（憲法に反する法律でないか審査）

行政 実際の政治を行う

内閣

最高裁判所長官の指名／その他の裁判官の任命

命令・処分の違憲審査

司法 法にもとづき、争いを解決

裁判所

最高裁判所（1か所）

下級裁判所
- 高等裁判所（8か所）
- 地方裁判所（50か所）
- 家庭裁判所（50か所）
- 簡易裁判所（438か所）

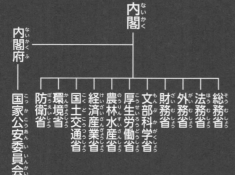

内閣府 — 国家公安委員会

内閣 — 防衛省・環境省・国土交通省・経済産業省・農林水産省・厚生労働省・文部科学省・財務省・外務省・法務省・総務省

改訂版！はてな？なぜかしら？
日本の問題

1

改訂版！

はてな？　なぜかしら？

政治・経済問題

監修：池上彰

この本を読むみなさんへ

　みなさんは、日々、新聞やテレビ、インターネットなどで見聞きするニュースから、世の中でどんなことが起こっているかを知ることでしょう。また、おうちの人や友だちが、いろいろな事件やできごとを話題にしているのを耳にすることもあるでしょう。その中には、あなたがよく知っていることもあるでしょうし、初めて出会うこともあるでしょう。

　さまざまなニュースは、そのことがなぜ起こるのか、昔から今までにどう変わってきたか、どんな問題があり、どのような考えを持つ人がいるのかを知ると、わかりやすくなるうえ、その問題をさまざまな角度から考えることができます。

　このシリーズでは、最近の日本で起こった、または今も起こっている「問題」について考えていきます。日本の国内にはどんな問題があるのか、その原因は何かなどについて、できるだけわかりやすく説明しました。また、読んだあなた自身が考えられるようにもなっています。さまざまな問題について、自分はどう思うかを考えてみるとよいでしょう。

　この巻では、政治・経済に関する問題を取り上げています。どちらも、私たちが暮らしていくうえで、とても大切なことであり、新聞やテレビなどでのニュースでも最も重要なニュースとして取り上げられることの多い分野です。政治も経済も、自分にはあまり関係ないようでも、実はとても身近な問題です。どちらも、そのしくみがうまく動かなければ、私たちの毎日の生活に大きな影響が出ることもあるのです。

　これから、日本の政治や経済がどのようなしくみで行われ、どのような問題をかかえているかを考えていきます。読み進めるうちに、これらの問題がばらばらにあるのではなく、それぞれがたがいに関係し合っていることにも気づけると思います。

監修　池上彰

1950年、長野県生まれ。大学卒業後、NHKに記者として入局する。社会部などで活躍し、事件、災害、消費者問題などを担当し、教育問題やエイズ問題のNHK特集にもたずさわる。1994年4月からは、「週刊こどもニュース」のおとうさん役兼編集長を務め、わかりやすい解説で人気となった。2012年から東京工業大学教授。おもな著書に、『一気にわかる！池上彰の世界情勢 2016』（毎日新聞出版）、『池上彰の世界の見方』（小学館）、『大世界史』（文藝春秋）、『池上彰の戦争を考える』（KADOKAWA）がある。

＊このシリーズは、2015年12月末現在の情報をもとにしています。

もくじ

第1章	近い将来、日本の憲法は変えられるの？	4
第2章	日本にアメリカの基地があるのはなぜ？	12
第3章	自衛隊が海外に行くようになるの？	18
第4章	どうして消費税率が引き上げられるの？	24
第5章	特定秘密保護法って何？	30
第6章	マイナンバーで何が変わるの？	36
第7章	景気はよくなっているの？	42

第1章

近い将来、日本の憲法は変えられるの？

日本国憲法は、1947（昭和22）年に実施されてから、一度も変えられたことがありません。憲法を変えるか変えないかをめぐっては、さまざまな意見が出ています。

国の決まりのもとになる憲法

学校にさまざまな規則があるように、国にも国が守るべき法という規則があります。憲法は、国の政治のしくみや国民の権利など、その国の基本的な方針を定めた法です。さまざまな法律は、憲法の方針に基づいて定められ、憲法に反する法律は認められません。憲法は、国の最高の法だからです。

現在の日本の憲法は、「日本国憲法」です。明治時代に定められた「大日本帝国憲法」を改正する形で、第二次世界大戦後の1946（昭和21）年11月3日に公布（発表）され、翌年の5月3日から施行（実施）されました。それから約70年もの間、一度も変えられたことがありません。しかし、それは、すべての国民が憲法に満足しているからとは言えないでしょう。憲法にはいろいろな問題があるから変えたほうがよいと考える人もいます。

日本国憲法のどこが問題なのでしょうか。憲法を変えたほうがよいという人は、どこをどのように変えたいと思っているのでしょうか。

この問題を考えるために、まず、日本国憲法の特ちょうを見ることにしましょう。

日本国憲法の3つの原則

1945（昭和20）年8月、日本は、アメリカやイギリスなどとの戦争に負け、占領されました。その中で、新しい国のしくみをつくるための方針を定める憲法をつくる作業が進められました。

日本国憲法には、3つの大きな特ちょうがあります。

1つは、国の政治を動かす最高の権利を国民が持つと定めていることです。これを、国民主権と言います。

2つめは、戦争を引き起こし、世界の国々に迷惑をかけたことへの反省から、二度と戦争を起こさない、そのために、戦力を持たないと定めたこと。これを平和主義と言います。

3つめは、国民が人として生まれながらに持っているさまざまな権利を重んじること。これを、基本的人権の尊重と言います。基本的人権には、国民が職業や住まいを自由に選ぶ権利や、性別などによって差別されない権利などがあります。

多くの国民は、新しい憲法が決められたことを喜び、その内容をほこりに思いました。新しい日本をつくる上で、大きなよりどころになると考えられたのです。

日本国憲法が決まるまで

戦争が終わり、日本を占領した連合国軍総司令部（GHQ）は、日本政府に憲法を新しくするように命じました。日本政府がつくった原案は、それまでの憲法と対して変わらなかったので、受け入れられず、改めてGHQが案を出しました。

GHQが憲法改正を指示

日本政府が原案をつくる

GHQが認めず、GHQが憲法案を出す

日本国憲法制定

日本国憲法3つの原則

日本国憲法には、3つの大切な原則があります。これらは、国のしくみの根本なので、たとえ憲法を改正することになっても変えられないと考えられています。

平和主義
戦争をしない。そのための武力を持たない。

国民主権
国のことは、国民が決める。

基本的人権の尊重
人としての権利を重んじる。

憲法は最高の決まり

憲法は、すべての法の中で最高の法です。憲法に反する法律や命令などは、認められません。

- 憲法
- 法律
- 政令
- 省令
- 行政処分

第1章 近い将来、日本の憲法は変えられるの？

「戦争はしない」と決めた9条

憲法を変えようと主張する人の意見の1つに、戦争をしない、戦争をするための戦力を持たないと定めた憲法第9条を変えようとするものがあります。

憲法第9条には、次のように書いてあります。

「1　日本国民は、正義と秩序を基調とする国際平和を誠実に希求し、国権の発動たる戦争と、武力による威嚇又は武力の行使は、国際紛争を解決する手段としては、永久にこれを放棄する。

2　前項の目的を達するため、陸海空軍その他の戦力は、これを保持しない。国の交戦権はこれを認めない。」

難しいことばもありますが、1では、「ほかの国との間でもめごとが起こっても、国として戦争を起こしたり、武器でおどしたり、武器を使ったりすることは、絶対にしません。」と言っています。2では、「そのために、軍隊などの戦力は持ちません。また、国が戦争をする権利は認めません。」ということです。

自衛権を憲法に書く？

憲法第9条を変えようとする考えの1つに、国には自衛権があること、そして、自衛のための軍を持つことを憲法にはっきり書いておこうというものがあります。

国際的なルールでは、ある国がほかの国に攻められた時には、国土や国民を守るために武力を使うのは当然の権利であるという考えがあります。これを**自衛権**と言います。そして、自衛のためには当然、戦力が必要であると考えられます。世界的には、戦力を持たないと憲法で定めている日本が特別だと言えるでしょう。

日本国憲法では、自衛権があるのかないのかがはっきり書かれていません。また、日本には、自衛隊という組織がありますが、自衛隊は、憲法ができた後につくられたもので、憲法が禁じている「戦力」に当たるのではないかという人もいます。

憲法を変えようとする人は、国が自衛権を持つのは当然であり、そのためにつくられた自衛隊を、国防軍として、憲法にそった組織であると定めるべきだと言います。

しかし、いっぽうでは、憲法第9条があったから、日本は長い間国際紛争に巻きこまれず、平和を保ってこられたのだから、変えるべきではないという人もいます。

憲法の解釈で対応

このような問題について、日本政府は、これまで「憲法第9条は『国際紛争を解決する手段としては』戦争を禁じているが、自衛権まで禁じているわけではない。また、自衛隊は、『戦力』ではないと**解釈**（読み取る）できる」と説明してきました。

憲法に書かれていることと、実際の世の中が合っていないとも言えます。

これに対して、憲法のほうを世の中に合わせるべきという考えと、憲法に合う世の中に近づけるべきだという考えがあり、なかなか結論が出ないのです。

憲法第9条をめぐる議論

ポイント1　自衛権はある？

自衛権というのは、ほかの国に攻められた時に国を守る権利です。

憲法第9条
戦争は永久にしない
軍隊は持たない

ポイント2　自衛隊は軍隊？

自衛権は当然ある。

国を守るための組織は必要である。

自衛権があることを、憲法にはっきり書くべきだ。

憲法の解釈のしかたで、自衛権はあると考えられるから変えなくてもいい。

自衛隊は国防軍であると、憲法に書くべきだ。

自衛隊は、憲法に言う「戦力」ではないと考えればよい。

自衛隊はどんな組織？

自衛隊は、外国などからの攻撃から国を守ること、国民が安全で安心して暮らせるように、社会を保つこと、災害が起こったときの救助などの役割があります。防衛省の下に置かれ、最高指揮権は、内閣総理大臣が持っています。

陸上自衛隊、海上自衛隊、航空自衛隊の3つがあります。

```
                内閣総理大臣
                     │
防衛省          防衛大臣
                     │
                防衛副大臣
                     │
     ┌───────────────┼───────────────┐
  陸上自衛隊      海上自衛隊      航空自衛隊
```

自衛隊の訓練のようす。

出典：陸上自衛隊HPより引用

第1章 近い将来、日本の憲法は変えられるの？

国際社会に役立つためには…

21世紀の今日、日本国憲法ができた1940年代に比べ、国と国との結びつきは、比べものにならないほど強くなっています。経済の問題や環境問題、感染症の広がりなど、1つの国だけでは解決できない問題もたくさんあります。どの国も、国際社会の中で役立つことの重要性が増しています。

世界にはさまざまな紛争があり、国と国の争いや内戦などが起こると、直接関係する国だけではなく、周辺の国々や、ひいては世界に影響することもあります。そうした紛争を解決する手助けをすることも、国際社会で役立つことの1つです。

しかし、日本の場合、憲法第9条があることにより、戦争が起こっている場所に自衛隊を送って解決に当たることはできません。これは、ほかの国からは、「日本は、危険な場所に人を送ろうとしない。ひきょうなやつだ」と見られるかもしれません。憲法を改正して、ほかの多くの国と同じように、自衛隊を送ることができるようにすべきだという考えがあります。

いっぽうでは、「自衛隊を送らなくても国際社会に役立つことはいくらでもできる。日本は憲法に違反しない範囲でできることをすればよい」という人もいます。

このような議論は、どちらが正しいというものではなく、日本の国がどのような道を進むべきかということに関わるだけに、簡単には結着がつきません。

そのほかの憲法をめぐる議論は…

第9条以外にも、憲法改正をめぐる議論はいろいろとあります。

そもそも日本国憲法は、日本がアメリカなどに占領されていた時期に、おしつけられるようにして決められたものだから、あらためて日本人自身が自主的な憲法をつくるべきだとする意見があります。これに対しては、内容に問題がないのだから、変える必要はないという意見があります。

また、第1条で「日本国の象徴」であると規定されている**天皇**の地位を、**元首**（国を代表する人）にしようとする考えもあります。

日本国憲法の三大原則の1つに、人が生まれながらに持つ権利である**基本的人権の尊重**がありますが、憲法が定められたあとで認められた新しい権利もあります。個人情報をむやみに明らかにされない**プライバシー権**や、国民がさまざまな情報を**知る権利**、人間らしい生活ができる環境を求める**環境権**などです。これらの権利を、憲法にはっきり書き、その権利が守られるようにすべきだという意見があります。

さらに、家族がたがいに思いやりを持ち、助け合うこと、国民全体がたがいに支え合っていくために、国の歴史や文化を守っていくことを憲法に入れようという意見もあります。

また、憲法改正についての手続きが厳し過ぎるので、もう少し簡単なものにしようという意見もあります。

日本国憲法をめぐるさまざまな議論

憲法がつくられたいきさつについて

占領されていた時代にアメリカなどにむりやりおしつけられた憲法だから変えよう！

中身はすばらしいのだから、変える必要はない。

天皇の地位について

天皇は、国の元首であることを、はっきり憲法に書きましょう。

天皇は、今まで通り、国と国民の象徴でよい。

新しい権利について

日本国憲法が決められたころにはなかったが、その後、新しい権利が意識されるようになった。これらも、憲法にもりこんだほうがよい。

プライバシー権
個人に関する情報や私生活について、みだりに知られない権利です。

知る権利
主権のある国民が、政治について正しく判断するために、さまざまな情報を手に入れる権利です。

環境権
公害などの被害を受けず、人間らしい生活ができる環境を求める権利です。

国民の目標について

日本人が古くから大切にしてきた風習などを守っていくことを憲法に書いておいたほうがよい。

家族の関係
家族がおたがいに思いやりを持って、助け合うこと。

国の歴史や文化
自分たちの国の歴史や文化を守っていくこと。

憲法改正の方法について

憲法を変えるための手続きが難し過ぎる。もっと簡単に変えられるように、憲法改正の方法を変えよう。

第1章 近い将来、日本の憲法は変えられるの?

憲法を変えるには…

憲法は、国の方針を決めている大切な法なので、一般の法律に比べて、変えるための手続きは、たいへん厳しくなっています。

以前は、憲法を変えることができると書いてあったものの、具体的な手続きが決められていませんでした。具体的な手続きは、2007(平成19)年に、「日本国憲法の改正手続に関する法律」として定められました。

憲法改正は、国会が国民に発議(提案)します。国会には衆議院と参議院があります。憲法改正の発議に当たっては、それぞれの議院で、3分の2以上の衆議院の賛成が必要です。それを受けて、国民投票が行われ、憲法改正案に賛成か反対かが問われます。

国会が憲法改正を発議する場合、そのもとになる改正案は、国会議員が提案します。衆議院議員100人以上または、参議院議員50人以上の賛成があれば、提案することができます。このほかに、内閣や主権を持つ国民も提案できるとする意見もありますが、法律上の規定はありません。

憲法改正のための国民投票は、発議があった日から60日から180日以内に行われます。国民投票をする権利は、国会議員の選挙権と同じく、18歳以上の国民にあります。高校生でも国民投票に参加する権利を持つ場合があるということです。

国民投票の結果、有効投票の半数をこえる賛成があれば、改正案が可決され、天皇がただちに公布します。

以前は、改正の手続きがあいまいでしたが、現在は、わかりやすくなっています。

憲法をよく知って

日本国憲法は、改正されたことが一度もありません。日本以外の国もそうなのでしょうか。外国の例を見ると、憲法を改正することは、それほどめずらしいことではありません。第二次世界大戦後を見ても、フランスでは20回以上、ドイツでは60回近く、憲法を改正しています。

日本の自由民主党は、党の方針として、憲法改正をめざすとしています。また、憲法改正をめざす政治団体もいくつもあります。

しかし、国の最も重要な法である憲法を改正するに当たっては、慎重にしなければならないことは言うまでもありません。それは、私たち国民の暮らしにも大きく影響することだからです。

国民ひとりひとりが、憲法はどうあるべきかを真剣に考え、改正したほうがいいのか、しないほうがいいのかをしっかり考えて投票しなければなりません。

そのためには、憲法の内容や決められた背景、どんな問題があるのかをよく知り、いろいろな立場の人の意見を聞いた上で判断することが望まれます。

憲法について考えることが、日本という国がどのように歩んでいくかを決めることになるのです。

憲法改正までの手続きは…

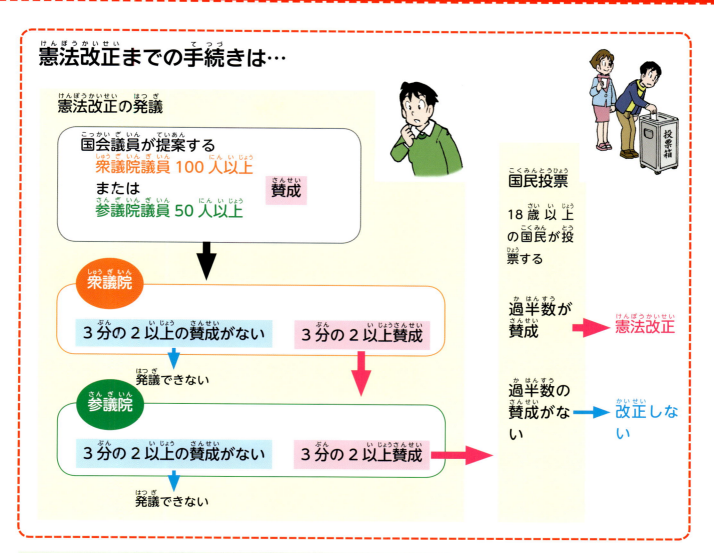

外国の憲法改正

憲法は大切な法なので、多くの国では、改正には厳しい手続きが必要としています。日本のように、一度も改正されたことがない国は少ないほうです。

	条件		現在の憲法ができてからの改正回数（2014年まで）
	国会・議会の賛成	国民投票	
アメリカ	上院と下院の両方で出席議員の3分の2以上が賛成	なし（4分の3以上の州議会の賛成が必要）	6回（第二次世界大戦以降）
ドイツ	連邦議会と連邦参議院の両方で総員の3分の2以上が賛成	なし	59回
フランス	元老院と国民議会の両方で有効投票の過半数が賛成	過半数の賛成（両院合同会議で5分の3以上の賛成の場合はなし）	24回
	大統領による提案	過半数の賛成	

憲法を持たないイギリス

日本国憲法のように、はっきりした文章にまとめられた憲法を、成文憲法と言います。イギリスには、成文憲法はありません。何百年という長い間に国民が勝ち取った権利や、裁判所が出した判決、習慣に基づく慣習法などをもとに、政治が動かされたり、国民の権利が認められたりしています。

第2章 日本にアメリカの基地があるのはなぜ？

日本各地に、アメリカ軍の基地があります。日本の国の中によその国の基地があるのは、ちょっと変ですね。どうしてこのようなことになっているのでしょうか。

各地にあるアメリカ軍基地

日本の国の中に、アメリカ軍の基地があることを知っていますか。家の近くにあるから知っているという人もいるでしょうし、テレビなどで見たという人もいるでしょう。まったく知らなかったという人もいるかもしれません。

2014(平成26)年現在、全国14の都道府県に合計306km²ほどのアメリカ軍基地(専用施設)があります。主な場所は、青森県三沢市、神奈川県横須賀市、山口県岩国市、長崎県佐世保市、沖縄県宜野湾市などです。

都道府県別に見ると、アメリカ軍基地の総面積のうち、約75％が沖縄県にあります。沖縄県の面積のうち約10％をアメリカ軍基地がしめています。

ある国に、ほかの国の軍の基地があるのは、不思議な話です。なぜ、このようなことになっているのでしょうか。

日米安保条約でアメリカ軍が日本を守る

1945(昭和20)年、日本は、アメリカなどとの戦争に負け、その後、アメリカを中心とした国々に占領されました。日本の軍隊は解散させられ、新しく定められた憲法で、日本は二度と戦争をせず、戦力となる軍隊や武器を持たないことを決めました。

日本は、1952(昭和27)年に再び独立しました。独立した以上、それまで日本を占領していたよその国の軍隊は、引き上げるべきです。しかし、日本は戦力を持たないため、万一よその国が攻めてきたら、国を守ることができません。

1950(昭和25)年、日本に近い朝鮮半島で戦争が始まりました。朝鮮半島にできた朝鮮民主主義人民共和国(北朝鮮)と大韓民国(韓国)との間で起こった朝鮮戦争です。この戦争の影響が日本にもおよぶことが心配されました。

そこで、日本の独立後も、引き続きアメリカの軍隊が日本にとどまることになりました。日本がよその国に攻められないように、また、万一攻められても、国を守れるようにするのだと説明されました。

これを決めたのが、1951(昭和26)年に日本とアメリカとの間で結ばれた日米安全保障条約でした。この条約で、アメリカは、日本に軍隊を置くこと、日本がほかの国に攻められた時は、アメリカは日本と共同で日本を守ることなどが決められました。この状態が、現在も続いているのです。

日本にあるアメリカ軍基地

太平洋戦争が終わってから、沖縄は、アメリカが治めることになりました。

現在、日本にあるアメリカ軍基地の約75％は沖縄にあります。また、沖縄県の約10％はアメリカ軍基地です。沖縄本島だけを見ると、約20％がアメリカ軍基地です。

沖縄本島のアメリカ軍基地

日米安全保障条約とは？

1951年に、日本とアメリカ合衆国との間で結ばれた条約です。

1960年に改定され、日本かアメリカが武力攻撃された時は、共同で対応することなどがもりこまれました。

戦後、日本は戦争を二度としないこと、戦力を持たないことを決めた。

朝鮮半島で戦争が起こり、日本にも影響がおよびそうになった。

日本を占領していたアメリカ軍が、そのまま日本にいることになった。

第2章 日本にアメリカの基地があるのはなぜ？

沖縄を支配したアメリカ

日本が戦争に敗れてから、沖縄は、アメリカが治めることになりました。アメリカの領土と同じように、道路は自動車が右側通行、お金もアメリカのドルが使われていました。これは、日本が独立した後も続き、本土と沖縄を行き来するにはパスポートが必要でした。

沖縄が日本に返還されたのは、1972（昭和47）年のことです。

東アジアの地図を見ると、沖縄は、日本本土や朝鮮半島、中国などのちょうど中心あたりに位置することがわかります。

アメリカは、世界一の大国として、世界のどこかで戦争や紛争が起こると、自分の国の不利益になると考え、軍隊を送って戦争をやめさせたり、自分から攻めたりすることがあります。

そのため、アメリカは、世界各地に基地をつくり、軍隊を置いています。

沖縄は、朝鮮半島や台湾に軍隊を送るのに便利な場所にあります。

第二次世界大戦後、朝鮮半島で戦争が起こったり、中国と台湾の対立が起こったりしました。そこで、アメリカは、東アジアの各地にすばやく軍隊を送れるよう、沖縄を支配している間に、各地に基地をつくったのです。この状態が、沖縄が日本に返還された今も続いているのです。

アメリカは日本を守っている？

日本にアメリカの基地があることには、どんな影響があるのでしょう。

日本が万一、ほかの国に攻められた時、アメリカは日本とともに日本を守ってくれるはずです。そのおかげで、戦後日本は、軍備にあまりお金を使わなくてすんだため、高度経済成長ができたという意見もあります。

しかし、本当にほかの国に攻めこんできた時、アメリカは本気で日本を守ってくれるかどうかわからないと考える人もいます。また、日本に自衛隊がある現在、アメリカの軍隊はいなくてもよいのではないかという人もいます。そもそも、自分の国の安全を、よその国にたよっているのはおかしいのではないかという人もいます。

また、世界のどこかで戦争が起こった時に、日本の基地からアメリカ軍が出動するということは、日本もアメリカに協力しているのであり、間接的に戦争に参加していることになると考える人もいます。

日米安全保障条約と別に決められている日米地位協定では、日本にいるアメリカ軍兵士が事件や事故を起こしても、原則として日本の法律がおよばないことになっています。そのため、アメリカ軍のヘリコプターが沖縄の大学に落ちた時に、日本側で事故の原因などを調べることができなかったこともありました。

さらに、日本にいるアメリカ軍のために、日本は、相当の費用を出しています（2014年度で1848億円）。これは日米安全保障条約で決められていることではなく、日本政府がアメリカ軍を思いやって出しているという建前なので「思いやり予算」と言われます。

重要な位置にある沖縄

沖縄は、東アジアの重要な場所にあります。日本本土、朝鮮半島、中国、台湾のどこへも近く、アメリカにとって、ここに基地を持つことは、大きな意味があります。戦争の後、アメリカが沖縄を治めていたこともあり、沖縄にアメリカ軍基地が多いのです。

アメリカが治めていたころは…

沖縄からは、東京より、中国やフィリピンのほうが近いんだね。

アメリカ軍基地ってどんなところ？

ふだん、日本人は入れない

アメリカ軍の基地は、日本の国の中にあっても、日本人が勝手に入ったりすることはできません。時おり、見学ツアーなどが行われることがあります。

自動車は左側通行

基地内の法律はアメリカのものですが、自動車は日本と同じ左側通行です。これは、基地と外との出入りのたびに車線を変えると混乱するからです。

お金はアメリカのドルを使う

基地内の店での買い物はドルが使われますが、日本人従業員も利用できるレストランなどでは、ドルと円の両方が使えることもあります。

アメリカ軍をめぐる議論

アメリカは、世界各地にすばやく軍を送れるように、日本に基地を置いています。アメリカ軍をめぐっては、さまざまな議論があります。

自分の国の安全を、よその国に守ってもらうのはおかしい。

日本には戦力がないはずだから、アメリカに守ってもらえるならいいじゃない。

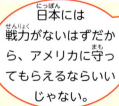

国を守るためのお金がたくさんかかるから、アメリカ軍にいてもらったほうがよい。

アメリカ軍には、「思いやり予算」を使っているのだから、お金はかかっている！

15

第2章　日本にアメリカの基地があるのはなぜ？

基地があることで起こる迷惑

アメリカ軍基地近くに住む人たちが、いろいろな迷惑を受けていることもあります。

基地では、訓練などで、戦闘機が飛び立ったり、着陸したりします。その音はたいへん大きく、近所の人は騒音になやまされます。時には、戦闘機が落ちて、人や建物に被害が出ることもあります。また、アメリカ軍兵士が犯罪を起こし、問題となることもあります。

アメリカ軍基地の土地は、その土地の持ち主から借り上げる形をとっています。しかし、持ち主が、ほかの目的のために使いたいからといって返してもらうことはできません。自分の土地なのに自由に使ったり、出入りしたりできないのです。

日本にアメリカ軍の基地があることで、いろいろな問題はありますが、すぐに基地をなくすのはたいへん難しいことです。

アメリカ軍がいることで、日本の安全が保たれているのだから、もしアメリカ軍に代わる軍隊を日本が持つとしたら、多くの費用がかかるし、憲法を変えることもしなければならないという人もいます。

また、基地に関係する仕事をしている人は、とつぜん基地がなくなってしまったら、生活に困ることにもなりかねません。

沖縄の基地をめぐる問題

日本の中でも飛びぬけて基地の割合の多い沖縄では、ほかの地域と比べて大きな問題をかかえています。沖縄だけが犠牲になるのはおかしいと考える住民が多いのも事実です。

1995（平成7）年に沖縄のアメリカ軍兵士が少女に乱暴した犯罪をきっかけに、日本とアメリカの間で、沖縄のアメリカ軍基地を見直す話し合いが進みました。その結果、1996（平成8）年に、沖縄の宜野湾市の普天間基地を日本に返すことが決まりました。普天間基地は、市街地に近いため危険だという声が高まっていたこともありました。

ただし、普天間基地の土地を返す代わりに、名護市の辺野古の海上に新しく基地をつくることになりました。つまり、普天間の基地を移設することになったのです。これらは、日本とアメリカの政府の間で決められたものですが、沖縄県や名護市からは、反対の声も上がりました。

2009（平成21）年に政権についた民主党の鳩山由紀夫首相は、首相になる前に、普天間基地の移設先を「最低でも県外」と言っていたため、その公約を実行しようとしました。沖縄県外に移設しようとしたのです。しかし、結局受け入れ先がなく、断念することになり、沖縄県民の多くは失望しました。

2012（平成24）年に、自由民主党に政権がもどると、もともとの約束通り、辺野古に基地をつくる動きが進んでいます。

辺野古への移設ついては、地元にも賛成派と反対派があり、意見が一致していません。政府の考えと県知事や市長との考えが合わない場合もあり、みんなが納得する解決に向かうのは難しい問題です。

基地と地元の人との関係は？

基地の人との交流

アメリカ軍基地では、年に1回くらい、基地を開放して、もよおしなどが行われることがあります。これは、基地祭りや、フレンドシップデーなどと呼ばれ、アメリカ軍関係者と地域の人々の交流を深める目的で開かれています。

飛行機などの音がうるさい

基地では、戦闘機が飛び立ったり着陸したりするため、大きなそう音がすることがあります。基地近くの住民が、そう音による被害をめぐって起こした裁判で、賠償金の支払いを命じる判決が出たこともあります。

軍をめぐるお金は？

日本はアメリカ軍に土地や施設を貸し、必要な費用も負担しています。

アメリカ軍は、いろいろな税金をはらわなくてもよいことになっています。

沖縄の普天間基地をめぐる問題

沖縄の普天間基地は、市街地に近く、土地を日本に返すよう求める声が高まっていました。1996（平成8）年、アメリカと日本は、5～7年以内に普天間基地の土地を返すと取り決め、発表もされましたが、普天間基地に代わる土地の住民からの反対運動もあり、大きな問題となりました。

沖縄の普天間基地。市街地が近く、「世界一危険な基地」とも呼ばれる。

写真：PIXTA

普天間基地の返還が決まる

1996（平成8）年、普天間基地の土地を返すことが決まりました。しかし、その代わりに、名護市の辺野古に新しく基地をつくることになりました。これに反対する住民の運動が起こりました。

「最低でも県外」が失敗

2009（平成21）年に民主党の鳩山由紀夫首相が誕生しました。鳩山首相は、普天間基地の移転先を「最低でも県外」と言っていましたが、移転先が決まらず、あきらめることになりました。

辺野古への移設が進む

2012（平成24）年に、自由民主党の政権ができました。辺野古では、普天間基地から移転する基地の建設が進んでいます。しかし、反対する住民も大勢います。

第3章 自衛隊が海外に行くようになるの？

自衛隊は日本を守るためにあります。そのため、海外に行くことはなかったのですが、今後、国を守るために、海外に出かけていくのではないかと言われています。

集団的自衛権って何？

世界には、国と国との間で、領土をめぐる争いや、民族の対立などで起こる争いがあります。これらを武力で解決しようとすると戦争になり、多くの人の命や、貴重な財産がうばわれることになります。

世界のほとんどの国が参加する国際連合（国連）には、基本的な決まりである国連憲章があり、その中で、ほかの国に武力を用いることを禁じています。

しかし、ほかの国に攻めこまれた時にも武力を使えないと、国土や国民を守ることができず、ほかの国に占領されてしまうことにもなりかねません。そこで、自分の国を守る場合は、武力を使うことが認められています。これは、どの国にも、自分の国を守る権利があるという考えに基づくものです。このような権利を自衛権と言います。

自衛権には、2つあります。

ひとつは、「個別的自衛権」というもので、ある国が、自分の国を守る権利です。

いっぽう、自分の国と仲のよい国が、ほかの国に攻められた時、そのままにしておくと、やがて、自分の国にも被害がおよぶかもしれません。それを防ぐために、攻められている国を助け、いっしょに戦う権利を、「集団的自衛権」と言います。

国際社会では、ふつう、「個別的自衛権」も「集団的自衛権」も認められています。

集団的自衛権は使えない!?

日本の国の方針を決めている日本国憲法は、第9条で、国際紛争を解決する手段としては戦争をしないことを決め、そのための戦力は持たないと定めています（くわしくは第1章）。

しかし、この条文に、自衛権については、はっきりとは書かれていません。日本政府は、この条文をどのように読み取るか、つまり、どう解釈するかで、自衛権があるかどうかの説明を国会でしてきました。

日本政府は、「憲法は、個別的自衛権まで禁じてはいない。自衛隊は、国を守るための最小限の実力だから、憲法に違反していない」という立場をとってきました。いっぽうで、集団的自衛権については、「使う権利は持っているが、使うことは禁じられている」という解釈をしてきました。例えば、日本と仲のいいアメリカが攻撃されてもいっしょに戦うことはできないとしてきたのです。

２つの自衛権

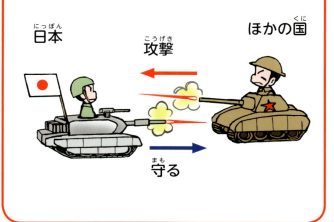

以前の自衛権についての憲法の解釈

第3章 自衛隊が海外に行くようになるの？

「集団的自衛権を使える」と変更

2014（平成26）年7月、安倍内閣は、それまでの政府の見解を変え、「憲法第9条は、集団的自衛権を使うことも認めている」と解釈を変える決定をしました。これは、内閣が政策などについてする意思決定である閣議決定という形で行われました。

それまで、自衛隊が武力を使えるのは、「わが国に対し、急迫不正の（さしせまった）侵害があり、国民の生命、自由および幸福追求の権利が根底からくつがえされる事態に対処するためにやむを得ない場合」とされていました。つまり、日本や日本国民に対して、さけるのが難しい攻撃がある時に限られていました。

しかし、憲法解釈の変更によって、「わが国に対する場合のみならず、密接な関係にある他国に対する武力攻撃が発生し、これによりわが国の存立がおびやかされ、国民の生命、自由および幸福追求の権利が根底からくつがえされる明白な危険がある」と変えられました。日本に対しての攻撃でなくても、日本と仲のいい国が攻撃され、それが日本や日本国民の安全にも関わる場合であれば、武力を使ってよいとされたのです。

また、自衛隊が行ける場所について、それまでは、「後方地域（戦いが行われている場所を除く日本周辺）」「非戦闘地域」に限られていましたが、「他国の軍隊が現に戦闘を行っている場所でない場所」であればよいことになりました。

日本が戦争に加わることになる？

この変更によって、日本の自衛隊は、アメリカを助けて戦うことができる可能性が生まれました。

例えば、海上で、アメリカの戦艦が攻撃されたら、日本の自衛隊の護衛艦が、敵の戦艦を攻撃してもよいことになります。また、アメリカの国土をねらったミサイルを、日本が途中でうち落としてもよいことにもなります。

さらに、地上でアメリカ軍と敵国との戦いがあった場合、自衛隊は、実際に戦いが行われている場所でさえなければ、武器や燃料などを送って助けるために、世界のどこへでも行けるようになります。

この変更をめぐっては、多くの反対の声があがりました。

野党である民主党は、どういう時に武力を使ってよいかの判断基準があいまいであると主張しました。安倍首相は、「政府が総合的に判断して」決めるとしていますが、民主党は「その時の政府が勝手に」決めて武力を使うことになると反対しました。

憲法学者からも、憲法第9条を、集団的自衛権を使えると解釈するのは無理があるという意見が出されました。このような解釈をするくらいなら、憲法を改正する必要があるとも言われました。

しかし、結局は、解釈が変更されることになったのです。

自衛権についての新しい憲法解釈

わが国と密接な関係にある国が攻撃された場合は、日本も武力を使ってよいと解釈されます。戦闘が行われている場所でなければ自衛隊が行けます。

憲法違反だ！

今までとちがうじゃないか。

集団的自衛権でできること

アメリカの船を守る

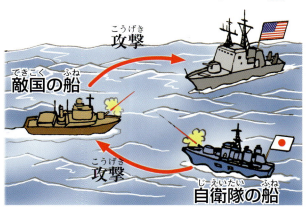

アメリカへのミサイルをうち落とす

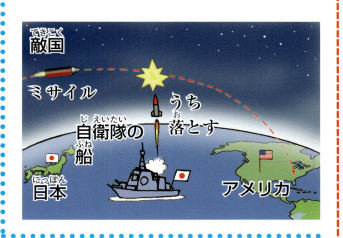

アメリカを助けて戦う

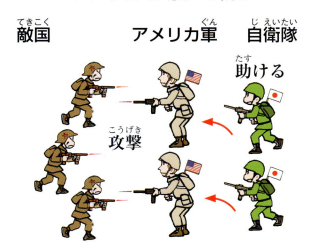

アメリカを助ける

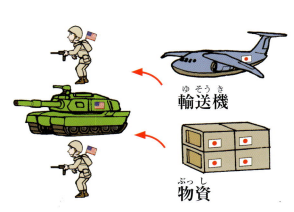

第3章

自衛隊が海外に行くようになるの？

安保関連法案が決まる

集団的自衛権が使えるとしたことに続き、安倍内閣は、関連する法律の整備にとりかかりました。

新しくつくる国際支援法案と、自衛隊法など10の法律を改正する**平和安全法制整備法案**で、これらをまとめて**安保関連法案**と呼びます。安保法案問題というのは、安保関連法案をめぐる議論をさします。

安保関連法案は、2015（平成27）年7月に、衆議院で可決されました。反対の立場の党はもうれつに反対しましたが、数で上回る与党（政権を担っている政党）の意見が通りました。国民の間では、この法案が可決されると、日本が「戦争ができる国」になってしまうという考えから反対するデモがくり返されました。

このような中、衆議院に続いて参議院でも法案が議論され、与党の賛成によって可決され、平和安全法制（安全保障関連法）となりました。

安保関連法の意味は？

平和安全法制（安全保障関連法）は、日本を戦争への道を歩ませることになるのでしょうか。

安倍内閣は、強い反対をおし切ってまで可決させたことについて、いろいろと説明しています。

最も大きいのは、日本をめぐる国際情勢の変化に対応するためという説明です。日本の近くの北朝鮮がミサイルや核兵器を開発していること、中国が経済成長をとげて軍備を増やし、領土を広げることをねらっていることなど、日本の安全がおびやかされる危険性が高まっているとするものです。アメリカは、財政負担を減らすために、軍事費を減らしています。そのため、日本がアジア地域の平和を守る役割をもっと増やさなければならないと説明しました。

また、アメリカが攻撃されても日本がいっしょに戦えないのであれば、日本とアメリカの関係が今まで通りというわけにはいかなくなるという説明もしました。

これまでも自衛隊は、平和を守る国連の組織の一員として海外に送られています。しかし、武力を使えないという制限があり、攻撃されるおそれがある場合は、ほかの国に守ってもらっていました。平和を守るために送られているのに、危険な任務をしないというのでは、責任ある態度と見られないおそれがあるとも説明しました。

国際社会で役立つには？

日本は、明治時代以来、第二次世界大戦で負けるまで、アジア各地を侵略しました。中でも朝鮮半島や中国では、多くの人々に迷惑をかけました。その反省から、日本は憲法で二度と戦争しないことを、世界にちかいました。

国際社会で役立つことは大切なことですが、過去の歴史をふまえた上で、日本と世界の安全を守るためには何をしたらよいのかを考えていくことが求められているのです。

安保関連法案に反対する動きは、こうした背景を反映したものと言えます。

安保関連法案の主な内容

集団的自衛権が使える

日本と仲のよい国が攻撃された場合、集団的自衛権を使うことができようになります。

これまで政府は、集団的自衛権は、国際的には認められているが、憲法によって、使うことはできないという説明をしていました。

自衛隊の活動範囲を広く

これまで自衛隊が行けなかった場所へも行けるようになります。

戦いが行われていない地域であること、直接武力を使うものでないことという条件があります。

海外で日本人を助ける

海外で危険な目にあっている日本人を助けに、自衛隊を送ることができます。

世界の平和に協力する

国際社会の平和を乱すできごとに対応するほかの国の軍に武器をわたすことができます。

安保関連法案に反対する動き

日本をめぐる国際情勢が大きく変わっています。

日本は、アジアの平和を守る役割をもっと果たさなければなりません。

自衛隊が、海外で戦争に加わることになるかもしれない。

日本の安全が守られなくなる！

国会前で安保法案に反対するデモをする人々。　　写真：Photoshot/時事通信フォト

23

第4章

どうして消費税率が引き上げられるの？

いろいろな種類のある税金の1つ、消費税は、導入されて以来、じょじょに税率が上げられてきました。どのようなことが関係しているのでしょう。

みんなのための仕事は税金で

小学校や中学校には、その地域の多くの児童や生徒が通います。また、道路や橋は、さまざまな人や自動車が利用します。公園は、たくさんの人が休んだり遊んだりします。火事が起これば消防の人が消火作業をし、どろぼうに入られた時などは、警察が犯人を探します。

多くの人のための施設をつくったり、仕事をしたりするのは、国や地方公共団体（地方自治体）です。それに必要なお金は、どうしているのでしょう。学校を建てるのにも、道路や橋をつくるのにも、多くのお金がかかります。消防や警察の人には給料をはらわなければなりません。国や地方公共団体は、これらのお金を、国民や企業（会社など）から、税金として集めています。国や地方公共団体の事業は、国民や企業が納める税金によって成り立っているのです。

どんな税金があるの？

税金には、どのような種類があり、どのように納められているのでしょうか。

まず、税金を納めるところによって、国税と地方税とに分けられます。国に納める税金が国税、地方公共団体に納める税金が地方税です。

国税には、個人の収入に応じて納める所得税、企業がその利益に応じて納める法人税、亡くなった人の財産を受けつぐ時に納める相続税などがあります。地方税には、その地域に住んでいる人が納める住民税などがあります。

次に、税金の納め方によって、直接税と間接税に分けられます。直接税は、税金を負担する人と納める人が同じものをさし、所得税や法人税などがこれに当たります。間接税は、税金を負担する人と納める人がちがうもので、消費税などがこれに当たります。

消費税は、ものを買ったり、サービスを受けたりする時に、決まった割合でかかる税金です。2015（平成27）年の時点では、消費税率は8％です。1000円の商品を買うと、80円が消費税分として上乗せされます。このうち、6.3％に当たる63円分が国へ、1.7％に当たる17円分が地方公共団体に納められます。

日本では、1989（平成元）年に初めて消費税が導入された時の税率は3％でした。その後、1997（平成9）年に5％、2014（平成26）年に8％と税率が引き上げられました。2017（平成29）年には10％になることが決まっています。このように、消費税率が上げられるのは、日本の厳しい財政が関係しています。

いろいろな税金

納めるところによって国税と地方税とに分けられます。また、納め方によって、直接税と間接税に分けられます。

	国税	地方税
直接税	所得税 法人税 相続税 など	道府県民税 市町村民税 自動車税 など
間接税	消費税 関税 酒税 たばこ税 など	地方消費税 道府県たばこ税 市町村たばこ税 など

消費税率の移り変わり

消費税が導入された。

- 1989年 3%
- 1997年 5%
- 2014年 8%
- 2017年 10%（予定）

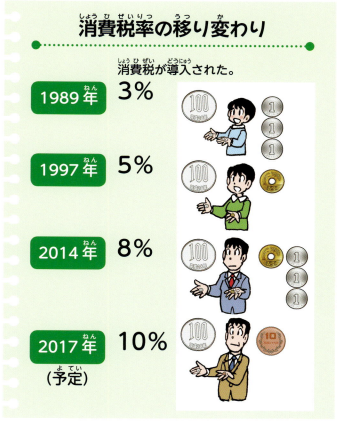

ふるさと納税って何？

ふるさと納税は、自分の希望する地方公共団体（都道府県や市（区）町村）に寄付をすると、税金を減らしてもらえるしくみです。その名前から、自分のふるさとの地方公共団体に税金を納めることのように思われますが、ふるさと（出身地）以外のどの地方公共団体でもかまいません。また、直接税金を納めるのではなく、間接的に税金を納めたのと同じようなことになります。寄付をした地方公共団体から特産品をもらえることもあります。また、2011年の東日本大震災では、被害にあった地方公共団体を応援する意味で寄付が増えました。

3万円寄付した場合の例

第4章　どうして消費税率が引き上げられるの？

国の借金、国債

　政府（国と地方公共団体）は、税金を主な収入として、公共のものやサービスを提供することにお金を使っています。このような経済活動を財政と言います。

　家庭の場合、給料などとして入ってくるお金（収入）と、出ていくお金（支出）が同じであれば、残高は0です。収入のほうが多ければ、余ったお金を銀行に預けるなどして必要な場合に備えるでしょう。支出のほうが多ければ、どこかからお金を借り、支出を減らすなどして、いつかは借りたお金を返さなければなりません。

　国の場合も同じです。

　国や地方公共団体がお金を借り入れる場合、それを証明する公債というものを発行します。国が発行する公債が国債、地方公共団体が発行する公債が地方債です。公債は、国民ばかりでなく、外国人も買うことができます。公債を買うと、何年か後に利子がつき、元金がもどってきます。

　国債には、道路などをつくるために発行する建設国債と、そのほかに必要な費用をまかなって赤字をうめるために発行する赤字国債などがあります。財政法という法律では、国で必要なお金は、原則として国債や借入金以外でまかなわなければならないことになっています。本当は、赤字国債を発行してはいけないことになっているのですが、特別な法律をつくって発行しているため、赤字国債のことを、特例国債とも言います。また、2011（平成23）年の東日本大震災で被害を受けた地域の復興のために、低い利率で売り出されている個人向け国債を、復興国債と言うこともあります。

1000兆円をこえる借金

　日本では国債は、1965（昭和40）年以来、ほぼ毎年発行され、1990年代から目立って増えています。

　2014年度に発行された国債の金額は、約40兆円です。2015年度末までに発行される国債の残高は807兆円、地方公共団体の公債を加えると、国の借金は1035兆円になる見通しです。

　2014年度の国の収入（歳入）は、約50兆円です。いっぽう、国の支出（歳出）は、約96兆円です。その差を、国債による借金にたよっているのです。また、使うお金の約24％に当たる約23兆円は、以前発行した国債に対する元金と利息をはらうために使われています。これまでの借金を返すために、新しく借金をしているという状態なのです。

　ある国で、国民が1年間にかせぎ出す金額を国内総生産（GDP）と言い、国の経済的な規模を表す数値として使われます。日本のGDPは約500兆円で、世界第3位です。2015年度末の1035兆円という借金は、国の年間GDPの約2倍にもなります。国民1人当たりにすると、約810万円もの借金があることになります。生まれたばかりの赤ちゃんからお年寄りまで、全員がこれだけの借金をかかえていることになるのです。このような借金を少しでも減らすために、消費税率の引き上げが行われます。

国の借金の移り変わり

2015年度末で、国と地方公共団体を合わせた借金は、1000兆円をこえています。国民1人当たりで約810万円の借金ということになります。

ついに1000兆円をこえる！

国の財政

2014年度の国の1年間の収入（歳入）は、約50兆円です。しかし、支出が約96兆円もあります。その差は、借金でまかなっています。支出の中には、これまでの借金と利息を返す分もふくまれています。

歳入と歳出

借金を返すために借金

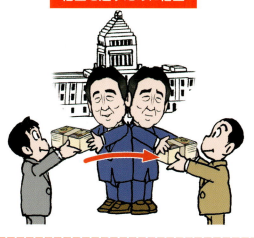

国債って何？

国債は、国の借金です。本来は、法律で国債を発行することは禁止されています。以前は国債を買うと証書がもらえましたが、2003（平成15）年から、証書の発行はなくなりました。代表的なのは、10年後に元金に利息がついてもどってくる国債です。

国債の種類

道路や橋、港などをつくるために発行する建設国債と、国のお金の不足を補うための赤字国債とがあります。赤字国債は、特別な法律をつくって発行しています。

国債はだれでも買える

国債は銀行などの金融機関が買うことが多かったのですが、2003（平成15）年からは、個人が買いやすい国債が発行されています。

昔からあった国債

明治時代初め、国の収入が不安定なころ、政府は、外国向けに国債を発行していました。初めて国債が発行されたのは、1870（明治3）年です。その後、戦争が起こると、その費用をまかなうためにも、国債が発行されました。

27

第4章 どうして消費税率が引き上げられるの？

国が破産しないのは信用のおかげ

日本の財政を、家庭の家計に置きかえて考えてみましょう。

1年間の収入が約500万円の家庭が、約958万円も支出しなければならず、やむを得ず借金をしています。長い間にたまった借金は、1億円をこえています。その借金を返すために、新しい借金をしている。これが現在の日本の状況なのです。

一般の家庭であれば、とっくに破産していてもおかしくありません。今後収入が増える見こみもなく、いつになったら借金を返せるかの見通しも立たないのですから。

では、日本も破産してしまうのでしょうか。

家庭と国の大きなちがいは、借金には**信用**があるということです。家庭は、あまりにたくさんの借金があれば、破産することがあります。しかし、国が破産することはほとんどないと考えられます。それは、現在の国民だけでなく、将来の国民たちが働いてさまざまな価値を生み出すからです。国債＝国の借金は、確実にいつか返されるという保証があります。現在と将来の国民が働くことによって、税金を納めるという状態が確実に続くと考えられるのです。

日本の場合は、世界でもトップクラスの経済大国です。また、政府がたおれてしまうなどといった危険もまず考えられません。そのような信用が、国の破産を防いでいるのです。

しかし、日本の信用も以前ほど高くはなくなっています。以前は日本の国債は、安心の度合いが最高レベルでしたが、近年は少しずつ下がっています。

税金や財政について考えよう

日本が、ぼう大な借金をかかえることになった理由として、不景気が続いて収入がのびていないこと、高齢者の割合が高まって、医療費などの社会保障関連の費用が増えていることが挙げられます。

国の収入は国民からの税金でまかなわれるのですから、国の借金は国民の借金と考えることもできます。その負担は、今の国民だけでなく、これから生まれてくる国民にものしかかってきます。

現在のような状況が今後も続くと、国の借金はますます増えるいっぽうで、やがてもっと多くの税金を納めなければならなくなるでしょう。そうなれば、国民の生活にも影響が出ることにもなります。

日本の消費税率8％は、世界の国々に比べると低いほうです。アイスランド、ノルウェー、デンマーク、スウェーデンなどは、消費税率が25％以上です。このままでは、いずれ、日本の消費税率ももっと上がるかもしれません。しかし、消費税率が上がれば、消費が減ってしまうため、予想通りの税収が得られるとは限りません。

私たち国民も、大切な税金の使い道について関心を持つなど、国や地方公共団体の財政について、しっかり考えていきたいものです。

各国の国債ランクづけ

国債を買おうと思っている人のために、参考になるように、国債の安全度を示すことを、格づけと言います。日本は、以前は最高ランクでしたが、少しずつ下がっています。2015年時点では、韓国や中国よりも下のランクになっています。

Aaa	ドイツ　アメリカ　カナダ
Aa1	イギリス
Aa2	フランス
Aa3	韓国　中国
A1	日本
A2	ポーランド
A3	メキシコ

国の経済の混乱は世界に影響

世界各国の結びつきが強い現代では、ある国の経済危機が世界の経済に影響することがあります。2009(平成21)年以来、ギリシャでは、財政危機が続いています。その影響は、ギリシャと関係の深いEU(ヨーロッパ連合)諸国および、世界にとっても大きな問題となっています。

政府が赤字をごまかしていた

2009年、新しい政権ができ、その前の政権が、財政の赤字を少なく発表していたことがわかり、ギリシャ国債の価値が下がってしまいました。

財政はよくならず…

ギリシャは、EUから支援を受けるとともに、財政を切りつめる政策をとりましたが、なかなか改善せず、国民の不満も高まりました。

EUの支援を受ける

2015(平成27)年に財政を切りつめる政策に反対の政権ができEUと対立しました。その後、話し合いが行われ、ギリシャが財政改革を進めるとともに支援を受けることが決まりました。

国が借金を返せなくなるとたいへんなことになります。物価がものすごい勢いで上がり、経済が大混乱します。国は国民の銀行預金から、決まった額以上は引き出せないようにすることもあります。すると、国の信用が下がり、国の力が弱まってしまいます。

もしも国が破産したら…

国が借金を返せない！

物価がどんどん上がる

預金がおろせなくなる

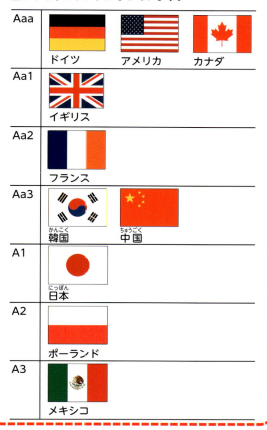

国の信用がなくなる

国の力が弱まる

第5章 特定秘密保護法って何？

国にとって重要な秘密を守るために、特定秘密保護法という法律があります。しかし、この法律が決まるまでには、反対の立場からの意見もありました。

特定秘密を守るための法律

2013（平成25）年12月に特定秘密保護法が成立し、2014（平成26）年12月に施行されました。

この法律は、日本の国の安全に関係する情報が外国などにもれることを防ぐためのものです。この法律では、国の安全を守る上で大切な情報を、特定秘密としています。

特定秘密には、次の4種類があります。

1つは、防衛に関すること。自衛隊が持っている武器の性能や、ほかの国が攻撃してきた時に、どのように対応するかなどに関する情報です。

2つめは、外交に関すること。外国や国際機関とどんなことを話し合ったか、外務省と外国の出先機関がどんなやりとりをしたかなどの情報です。

3つめは、外国の利益を図る目的で行われる特定有害活動の防止に関すること。これは、例えば外国のスパイが日本の情報を手に入れようとすることを防ぐためにどのような手段をとっているかといった情報です。

4つめは、テロ活動防止に関すること。テロというのは、何らかの目的のために、暴力によってうったえることで、許される行動ではありません。テロを防ぐためにどのようなことをしているかなどの情報です。

特定秘密をあつかえる人を検査

特定秘密保護法では、公務員が特定秘密をもらした時は、最高で10年の懲役になり、さらに1000万円以下の罰金をはらう場合もあります。それ以外に、業務上の必要があって特定秘密を伝えられた企業の人なども、特定秘密をもらした場合は、罰せられます。

また、この法律では、特定秘密をあつかうことのできる人を、検査によって認められた人に限るとも規定しています。この場合に行われる検査を、適性評価と言います。適性評価では、テロ活動と関係していないか、犯罪を起こしたことがないか、過去に情報をもらしたことはないか、薬物使用はないか、酒を飲み過ぎないかなどのことがらを調べられ、合格した人でないと特定秘密をあつかえません。

国の安全に関する情報がよその国にもれることは、国の利益を損なうことになりかねません。また、国や国民の生命や財産がおびやかされることにつながることもあるので、何らかの法律は必要だということになったのです。

4種類の特定秘密

特定秘密保護法では、日本の安全を守る上で大切な情報を特定秘密としています。

特定秘密には、4種類あります。

次のものが特定秘密です。

罪になるのはどんな人？

公務員が特定秘密をもらすと罪になります。

特定秘密を伝えられた企業の人などが、それをもらすと罪になります。

特定秘密をあつかえない人

あなたは特定秘密をあつかえません。

犯罪歴のある人
テロ活動に関係している人
薬物を使用している人
酒を飲み過ぎる人

第5章

特定秘密保護法って何？

特定秘密保護法のきっかけ

特定秘密保護法が本格的に検討されるきっかけになったのは、2010(平成22)年に起こった事件だと言われています。

2010(平成22)年9月、沖縄県の尖閣諸島付近で、中国の漁船が日本の海上保安庁の巡視船にぶつかってくるという事件がありました。尖閣諸島は、中国が自分の国の領土だと主張している島です。事件そのものは、漁船の船長がたいほされ、その後中国に送り返されるという結果で幕を閉じました。ところが、11月になって、だれかが、漁船が巡視船にぶつかった時の映像を、インターネットの動画サイトに流しました。事件は、国民にとって大きな関心がありましたが、どんなことが起こったかがわかるような映像は公開されていなかったため、大きな話題となりました。

その後、この動画を流出させた海上保安庁の保安官が自ら名乗り出ました。この保安官は、国家公務員法という法律にある、公務員は「仕事の上で知った秘密をもらしてはいけない」という義務にいはんしたということで、処分を受け、退職しました。

この事件をきっかけに、当時の民主党政権は、公務員が国の秘密をもらした場合に、厳しく罰することのできる法律をつくる方針をとったのです。

その後政権を引きついだ自民党の安倍内閣は、国の安全を守る体制をより強め、政府全体として取り組むこととし、2013(平成25)年12月に、国家安全保障会議(日本版NSC)を設立しました。この組織を運用するためには、外国とも協力し、さまざまな情報を得ることが必要です。しかし、そのような情報は、相手の国にとっても重要な情報なので、日本に情報がもれることを防ぐしくみがないと、なかなか出してもらえません。

このようないきさつから、特定秘密保護法がつくられることになったと言われています。

多くの反対意見が出される

特定秘密保護法の成立に向けて政府が動き出すと、多くの反対意見が出されました。その理由はさまざまです。

どういう情報が特定秘密かを決めるのは、防衛大臣、外務大臣、警察庁長官、内閣官房長官などです。しかし、はっきりした基準があるわけではありません。どんな情報でも、特定秘密だと決められてしまうことにもなりかねないという意見もあります。当然ですが、この情報は特定秘密であると知らされるわけではないので、知らずにもらしてしまった情報が特定秘密だったとして罪になることもあるわけです。極端なことを言うと、政府が好きなように特定秘密であると決めていくことにより、国民が何も知らされないままに、いろいろなものごとが決められていってしまうのではないかという意見もありました。

憲法で主権があると決められている国民が知らないところで政府が動いてしまうのはおかしなことです。

特定秘密保護法がつくられたのは…

特定秘密保護法がつくられるきっかけになったのは、2010年に、中国漁船が日本の海上保安庁の巡視船にぶつかった映像がインターネットに流れたことでした。

写真：時事

インターネットに流出！

もらしたのはだれだ！

取りしまる法律をつくれ！

秘密を守る法律をつくったので、情報を出してください。

その後

OK！

特定秘密保護法をめぐる意見

特定秘密保護法
特定秘密の基準があいまい。
何が特定秘密か知らされない。

好き勝手に特定秘密を決められるじゃないか！

そんなことはないから安心を。

国民に知られたくないことを特定秘密にするんじゃないか？

国民が知らないままにものごとを決めるんじゃないか？

特定秘密をあつかえるかどうかで、いろいろ調べられるのはいやだ。

知らないうちに特定秘密をもらすおそれがある！

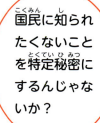

33

第5章 特定秘密保護法って何？

国民の権利がおびやかされる!?

新聞やテレビなどの報道機関や記者などからは、特定秘密保護法は、憲法で保障されている「表現の自由」や、国民の権利の1つである「知る権利」をおびやかすものであるとする反対意見も出されました。

「表現の自由」というのは、憲法第21条で、「集会、結社及び言論、出版その他一切の表現の自由は、これを保障する」と決められているもので、どんな意見でも自由に述べてよいとするものです。第二次世界大戦が終わるまで、日本では、国の方針に合わない意見を言うことは制限されていました。新聞なども、政府の力によって都合の悪い記事を出さないようにさせられることがありました。このようなやり方が戦争につながったとして、戦後は、表現の自由が保障されることになりました。新聞やテレビが自由に報道できるのは、憲法が保障しているからです。

「知る権利」というのは、主権を持つ国民が、政治に関して正しい判断をするために、さまざまな情報を知る権利です。国や地方公共団体に、情報の公開を求めることができます。

特定秘密保護法では、特定秘密を知ることのできる者が、その秘密をもらすと罰せられるわけですから、報道機関の関係者も、報道することで罰せられるおそれがあります。また、国民に情報が知らされないのは、知る権利をうばっているという反対意見です。

こうした声に対して、政府は、報道機関の人の正当な取材行為で処罰されることはないことや、一般の国民が知らないうちに特定秘密を知ってしまったとしても、処罰されることはないなどと説明しています。

また、政府は、特定秘密保護法を運用する場合の基準について、法で決められていること以上に広げて解釈しないこと、知る権利や報道・取材の自由などを尊重することを確認し、法律自体を実施してから5年後に見直すことにしています。

日本の報道の自由度は？

国際的なNGO（非政府団体）である「国境なき記者団」は、各国の報道の自由度を調査しています。2015（平成27）年のランキングでは、日本は180か国中で61位にランキングされています。アジアの国・地域の中では、台湾（51位、モンゴル（54位）、韓国（60位）より下位です。2011（平成23）年には11位だったのですが、その後順位を下げ、2013（平成25）年に53位となり、特定秘密保護法が成立したことにより、さらに順位を下げました。

国にとって、大切な情報が外国にもれることは、大きな損害をまねくおそれがあることは確かです。これを防ぐために厳しい罰則のある法律をつくっている国はたくさんあります。

しかし、国民の権利がおびやかされることがないように、私たちはしっかり監視していかなければならないでしょう。

特定秘密保護法と表現の自由

「表現の自由」は、憲法で保障された国民の権利です。戦前は、表現の自由は制限されていました。特定秘密保護法によって、戦前のように、表現の自由が制限されるのではないかと心配する声が上がりました。

国民の「知る権利」

日本国憲法に書いてある「表現の自由」に基づいて、国民は、「知る権利」があると考えられています。さらに、そのために、報道機関には、「報道の自由」があると考えられています。

表現の自由	知る権利	報道の自由
憲法第21条 集会、結社及び言論、出版その他一切の表現の自由は、これを保障する。	国民が政治に関して正しい判断をするには、さまざまな情報を入手する必要があり、知る権利がある。	「知る権利」のために、新聞やテレビなどが、国民に事実を伝える自由がある。

だから → だから →

主権のある国民の権利だ。

特定秘密保護法は、「知る権利」をさまたげる。

そのために、「取材の自由」も尊重される。

第6章 マイナンバーで何が変わるの？

国民ひとりひとりにつく番号。それがマイナンバーです。マイナンバーがつくことで、どのような変化があるのでしょうか。

導入されたマイナンバー

2015（平成27）年10月から国民ひとりひとりに1つずつの番号が通知され、2016（平成28）年1月から、役所が行う手続きなどでその番号を利用するしくみが始まりました。

このしくみは、正式には「行政手続における特定の個人を識別するための番号の利用等に関する法律」と呼ばれます。ひとりひとりに番号が通知されることから番号法、その番号をマイナンバーということから、マイナンバー法とも言います。

マイナンバーのしくみが取り入れられることによって、何が変わるのでしょうか。

マイナンバーのねらい

マイナンバーは、国民ひとりひとりにつけられる番号で、12けたの数字で表されます。住民票のある市町村から通知があり、一生変わることはありません。外国人でも日本に住民票があれば通知されます。

2016（平成28）年1月からは、身分証明やさまざまなサービスに利用できる個人番号カードをつくることができるようになっています。

マイナンバーのしくみでは、次の3つのねらいがあります。

ひとつは、「役所の仕事を効率よくすること」です。国の役所や地方公共団体などで、いろいろな情報の照合や転記、入力をいちいちする手間が省け、別の機関でそれぞれにしている作業を減らすことができます。役所でのむだを減らすというのが1つめのねらいです。これにより、国や地方公共団体で必要な費用を減らすことにもつながります。

2つめは、「役所の手続きを便利にすること」です。私たち国民が、役所で書類を受け取りたいような場合に、必要な書類が少なくてすみ、負担が減ります。また、国や地方公共団体が持っている自分の情報を確認できます。さらに、役所からのさまざまなサービスのお知らせを受け取ることができるようになります。

3つめは、「公平・公正な社会の実現」です。税金を正しく納めないことや、社会保障などを不正に受け過ぎることを防ぎ、みんなが公平な社会にすることにつながります。

これだけでは、何が変わるのかがわかりにくいかもしれません。

具体的にどのようなことができるようになるのか、くわしく見ていくことにしましょう。

マイナンバー制度のしくみ

マイナンバー制度では、国民ひとりひとりに番号がつけられます。番号は一生変わることがありません。

個人につく12けたの番号

ひとりひとりが、ちがう番号を持つ。番号は役所からの通知カードで通知される。

（例）1234 5678 9012

通知カード（イメージ）

表　　　　　　　　　　　　裏

個人番号カード（イメージ）

個人番号カードをつくることができる。

表　　　　　　　　　　　　裏

役所などで利用する

役所で行う手続きなどで、番号を利用する。

マイナンバー制度のねらい

マイナンバー制度は、役所の仕事や役所での手続きなどが効率よく、便利にできることをめざすしくみです。

役所の仕事を効率よくする
入力の手間が省け、役所でのむだな作業を減らすことができる。

役所の手続きを便利にする
書類をもらいたい時、提出する書類が少なくなる。

公平・公正な社会の実現
税金をごまかすことや、役所からのお金を多くもらおうとすることを防ぐ。

第6章 マイナンバーで何が変わるの？

社会保障の分野での利用

　国民が、マイナンバーを利用するのは、3つの分野があります。

　まず、社会保障の分野です。社会保障というのは、国民が病気やけが、失業や高齢などの理由で生活することが難しくなった場合、国が生活を保障することです。病院にかかる時にその費用の一部を国が負担する医療保険、老後にお金がもらえる年金保険、職をはなれた時にもらえる雇用（失業）保険などがあり、これらは、国民が支払うお金や税金でまかなっています。

　これらの社会保障を受ける時に、マイナンバーを使えば、手続きが簡単になります。例えば、所得（収入）を証明する書類と健康保険証の写しが必要だった手続きも、役所がマイナンバーで調べることができるので、いらなくなります。また、例えばちがう人をよそおって、二重に保障を受けようとするような不正も防ぐことができます。

税金の分野での利用

　2つめは、税金の分野です。会社員は、ふつう、給料から税金が引かれます。会社は、給料を支払う人のマイナンバーを聞き、税務署にもその番号を知らせます。ある会社に勤めながら、ほかにも収入がある場合、確定申告と言って、税務署に書類を提出して税金を納めなければなりませんが、マイナンバーがあれば、同じ人が何か所かから収入を得ていても、そのことがわかりやすくなるので、税金が正しく納められて

いるかを確認しやすくなります。

　また、ある人が亡くなり、その財産を相続する場合には、相続税という税金を納めなければなりませんが、銀行などへの入金がマイナンバーによってわかるので、相続税をはらっていない場合もすぐにわかるようになります。

　さらに、証券会社や保険会社を利用する場合にもマイナンバーを提出する必要があるので、株で収入があったような場合も、税務署はそれを知ることができます。

　このように、必要なのにはらわれていない税金を正しく納めさせることができるようになります。つまり、税金のがれを防ぐことができ、税金を社会のために使うことができるようになるのです。

災害対策の分野での利用

　もう1つは災害対策の分野です。

　これは、2011（平成23）年3月の東日本大震災で、多数の被災者が別の自治体に移住しなければならなくなった事態をふまえたものです。

　災害にあった人を支援し、住む所を提供したり、必要なお金を支給したりするのに、マイナンバーを利用すると、被災者のリストをつくるなどの事務手続きが簡単になり、支援をスムーズに行うことができます。

　このような分野で利用するマイナンバーのしくみには、役立つことも多いのですが、いろいろな心配やめんどうなこともあるという声もあがっています。次には、そのことを考えてみましょう。

マイナンバー制度の活用

マイナンバー制度は、3つの分野で活用されます。

社会保障

社会保障を受ける時の書類が減り、手続きがスムーズになる。

役所で本人かどうかを確認するなどの作業が簡単になる。

ほかの人のふりをしてお金を受け取るような、不正をしにくくなる。

税金

必要なのにはらわれていない税金がわかり、正しく納められる。

相続税がはらわれていない時もすぐわかる。

株などで利益が出た時の収入がわかるので、税金を課すことができる。

災害対策

災害にあった人に、住む場所を提供しやすくなる。

災害にあった人にお金をわたす作業がスムーズにできるようになる。

被災者のリストをつくるのが速く、簡単になる。

外国の"マイナンバー制度"は？

マイナンバー制度のようなしくみを取り入れるのは、日本が初めてではありません。マイナンバー制度と同じしくみを取り入れている国は、韓国、中国、シンガポールなどのアジアの国々、アイスランド、イギリス、イタリア、オランダ、シンガポール、ドイツなどのヨーロッパの国々、アメリカ、カナダ、オーストラリアなど、たくさんあります。中でもアメリカは、1936（昭和11）年という昔に取り入れています。

どの国でも便利な半面、問題も起こっています。日本でも、それらを参考にして、安全な制度にしてほしいものです。

第6章 マイナンバーで何が変わるの？

個人情報流出のおそれ

マイナンバーは、社会保険を受ける場合や税金を納める時に必要な、大切な番号です。もしほかの人にマイナンバーを知られてしまうと、悪用されるおそれがあります。例えば、他人になりすまして生活保護を不正に受け取るといったことが起こるかもしれません。

マイナンバーは、国や地方公共団体で使われるほか、会社などでも給料や納税の管理などに使われます。そのため、それらの機関のデータベースから、マイナンバーが流出するおそれがあるのではないかという心配があります。

2014（平成26）年7月には、大手通信教育会社から、2000万件をこえる個人情報が流出する事件がありました。

また、2015（平成27）年5月には、日本年金機構から、約125万件の基礎年金番号をふくむ個人情報が流出しました。基礎年金番号は、年金のかけ金や支給されるお金に関する大切な情報です。それが簡単に、大量に流出してしまいました。

万全の対策をしていたつもりでも、現実にこのようなことがあると、どこに落とし穴があるかわかりません。マイナンバーも流出するようなことになると、大きな被害が発生するおそれがあり、たいへん危険です。

マイナンバーは、民間の会社でも、社員などへの支払いなどの時に使います。それだけに、個人情報が流出する危険度は高いと考えられます。民間の会社がマイナンバーを取りあつかう場合、マイナンバーが本当に本人のものかどうかを確認し、マイナンバーがもれないような対策をする必要があります。これにより、会社はかなりの手間と費用がかかることになります。相当な負担がかかるのに、会社にとってのメリットは、あまりありません。

また、マイナンバーのしくみにかかる費用に見合うだけの効果があるのか、疑問であるとする意見もあります。

税金のしくみが変わる？

ひとりひとりにマイナンバーがつくことによって、国や地方公共団体が、ある人がどれだけの財産を持っているか、どれだけの収入があるかを正確につかむことができるようになります。これまでは、多くの財産を持っていても収入が少なければ、不正に生活保護を受けることもできなくはありませんでした。しかし、マイナンバーによってこれを防ぐことができるようになりました。

これを進めると、税金のしくみを変えることができるようになるとも考えられます。これまでは、収入に応じて、税金の率が決められていましたが、将来は、その人が持っている財産と収入を総合的に考えて税金を決めることになるかもしれません。

国民の財産や収入の情報が、国にすみずみまで知られてしまうことには批判もあります。国が国民を厳しく管理することになるからです。

こうした意見も考えつつ、このしくみをうまく生かしていってほしいものです。

マイナンバー制度の問題点

マイナンバー制度を始めることによって、いろいろな問題が起こるのではないかという声も上がっています。

マイナンバーを他人に知られると…

マイナンバーを知ることによって、その人のふりをして、お金をもらったりすることができるようになるかもしれません。

あいつのマイナンバーは、123○○○○○○か…。

私が、123○○○○○○の本人です。

うっしっし。

会社の負担が大変

マイナンバーが外部に出ないように、会社はきちんと管理することが決められています。会社にとっては、手間も費用もかかるので、負担がかかります。

社員全員のナンバーを…

取り引き先の人のナンバーも…

あ〜、もう大変だ！

日本年金機構から情報が流出！

2015年5月、日本年金機構からたくさんの個人情報が外部に流出しました。ある職員が、うっかりウイルスメールを開いてしまったことが原因だと考えられています。

このように、マイナンバーやそれに関係する情報がもれてしまうのではないかという心配もあります。

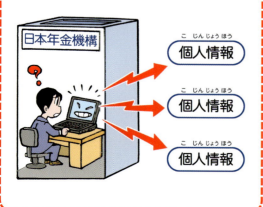

マイナンバーの将来

財産を正確につかめるので、税金についての不正を防ぐことができる。

細かい対応がしやすくなるので、収入に応じて税金の額を変えるなどの対応ができるようになる。

財産のことがすべて知られるのはいやだなあ。

情報が流出する心配がある。

第7章

景気は
よくなっているの？

1990年代以降、長い不景気が続いています。2010年代半ばには景気がよくなってきたという声も聞かれます。実際には、どのようになっているのでしょうか。

好景気と不景気

「なかなか景気がよくならない。」などということばを耳にしたことがあるでしょう。

景気というのは、経済の状態のことで、景気がよい状態を好景気、よくない状態を不景気と言います。好景気の時は、経済の状態が活発で、お金のやりとりがさかんに行われます。いっぽう、不景気の時は、経済の状態が活発でなく、お金のやりとりが少なくなります。

日本では、1990年代から不景気の時期がずっと続いていると言われます。

日本のように自由に行われている経済のしくみを、資本主義経済と言います。資本主義経済の下では、好景気と不景気はくり返されるのがふつうです。

好景気の時は、商品がたくさん売れるので、企業の利益が増えます。企業は働く人を多くやとい、従業員の給料が上がります。すると、また、商品が多く売れるようになります。その代わり、物価は高くなります。

不景気の時は、ものが売れにくくなり企業の利益が減ります。企業は働く人を多くやとえなくなり、給料も下がることがあります。すると、さらに商品が売れず、つぶれてしまう企業も現れます。企業が従業員を減らすことをリストラ（リストラクチュアリング〔＝組織の見直し・再構築〕の略）と言います。

不景気による働き方の変化

不景気の時は、働きたいのに働けない人の割合が高まります。この割合を失業率と言います。日本の失業率は、1990年代の終わりころから高くなり、近年は少しずつ高くなっていますが、なかなか低くなりません。

日本では、1980年代ころまで、ある会社に入ったら、定年になるまで同じ会社に勤め続け、だんだん給料が増えていくのがふつうだと考えられていました。会社も、家庭の収入を担う中心である従業員を、定年になる前にやめさせるようなことは、ほとんどありませんでした。

しかし、1990年代からの不景気の時期になると、中高年でも会社をやめさせられてしまう人が増えました。また、正規社員以外に、労働者を派遣する会社から、期間を決めて働き手を派遣してもらったり、いろいろな会社をアルバイトのように移り変わるフリーターをやとったりすることが見られるようになりました。企業にとっては、必要な時だけ人を増やせばよいので、そのほうが得だからです。

42

景気はよくなったり悪くなったり…

資本主義経済の国では、景気は、よい時も悪い時もあり、これをくり返しています。

景気＝経済の状況

景気がよいか悪いかというのは、経済の状況を表しています。

景気のいい時は

商品がたくさん売れ、給料が上がる。

物価が上がる。

景気の悪い時は

商品があまり売れず、給料が下がる。

物価が下がる。

働く人たちの変化

1990年代ころから、働く人の、働き方に変化が起こっています。それまでは、同じような働き方をする人が多かったのに比べ、いろいろな働き方をする人が増えていきました。

1980年代ころまで

1つの会社に定年までいる。給料はだんだん増える。

1990年代ころから

会社をやめさせられる。

フリーターや派遣社員が増える。

43

第7章

景気は
よくなっているの？

高度経済成長の時代

第二次世界大戦後の日本では、景気のよい時期とよくない時期をくり返してきました。

戦争のために、日本の産業は大きな痛手を受けましたが、1950（昭和25）年に起こった朝鮮戦争によって、戦争で必要な衣服や機械部品などの注文が増え、景気が上向きになりました。これをきっかけとして、日本の経済は立ち直り、国民の多くが電気製品を始めとしたさまざまな商品を買い求めるようになり、好景気の時期がたびたび訪れました。

1950年代後半から1973（昭和48）年までは、世界をおどろかせるほどのめざましい経済成長をしました。この時期を高度経済成長期と言います。国内でも海外へも、商品がどんどん売れるので、企業の生産が増え、従業員の給料が上がり、働き手はたいへんありがたがられました。

ところが、1973（昭和48）年に、石油の値段が急に上がり、世界の経済に大打撃となりました。これを石油危機と言います。日本でも物価が急に上がり、経済ののびがにぶくなりました。

バブル経済で好景気に

1980年代半ばに、企業が銀行からお金を借りる時の利率が低くなったため、企業がお金を借りやすくなりました。そのころの日本では、土地の値段は上がり続け、下がることはないと思われていたので、銀行で借りたお金で土地を買い、その土地が値上がりしたら売って利益を得ようとする会社が増えました。銀行も利益になるので、このような会社に積極的にお金を貸しました。土地の値段が上がり続ける限り、貸したお金は、利息がついて返ってくるからです。

日本は、たいへんな好景気の時期になりました。しかし、これはものを生産したり売ったりする活動によるものではなく、中身のないあわ（バブル）のようなものでした。あわがふくらむように土地の値段が上がっていったことから、この好景気は、バブル経済と呼ばれました。

バブルがはじけて
長い不景気に

バブル経済によって、あまりにも土地の値段が上がり過ぎてしまったため、政府は、それをおさえる政策をとりました。1990年代初めから、土地の値段が下がり始めたのです。

そのため、銀行からお金を借りていた会社の中には、お金を返せなくなってつぶれるところが出ました。銀行も貸したお金を回収できず、困った状態になりました。

まさに、バブルがはじけるように、好景気の時期が終わったのです。その後、日本の経済は、ずっと景気のよくない時期が続いていると言われます。リストラが進み、物価が下がるデフレーション（デフレ）が発生しました。

政府は、不景気からぬけ出すために、いろいろな政策をとってきました。しかし、2008（平成20）年に起こったリーマン・ショックによる世界的な不景気や2011（平成23）年の東日本大震災などのために、本格的には景気はよくなっていません。

日本の景気の流れ

年代	できごと
1945年	戦争が終わる
1950〜53年	朝鮮戦争 輸出が増え、景気がよくなる。
1954〜57年	神武景気 三種の神器（テレビ、冷蔵庫、洗たく機）が家庭に入り出す。
1958〜61年	岩戸景気
1964年	東京オリンピック
1965〜70年	いざなぎ景気 3C（カラーテレビ、クーラー、自家用車）が普及し出す。
1973年	第一次石油危機 ものが不足し、物価が上がる。
1979年	低成長時代 第二次石油危機
1980年代後半〜90年	バブル景気 土地や株の値段が上がる。
1991年	バブル崩壊 土地や株の値段が下がり出す。
2008年	不景気の時代 失業者や倒産する会社が増える。 リーマン・ショック 世界同時不況に。
2012年	アベノミクス

デフレは何がいけないの？

物価（ものやサービスの値段）が上がることをインフレーション（インフレ）、下がることをデフレーション（デフレ）と言います。物価が下がるのはよいことのように思いますが、そうとも言えません。会社の利益が出ず、労働者の給料が安くなっていくからです。

世界に影響したリーマン・ショック

2008（平成20）年に、アメリカの大手証券会社、リーマン・ブラザーズが倒産しました。リーマン・ブラザーズは、大きな会社でたくさんの会社との取り引きがあったため、その影響は大きく、アメリカを始め、日本やヨーロッパの国々も、景気が悪くなりました。

このできごとは、世界の経済に大きな影響をあたえたことから、「リーマン・ショック」と呼ばれています。

第7章 景気はよくなっているの？

経済再生をめざすアベノミクス

2012(平成24)年12月に発足した安倍内閣は、景気回復を目標とした経済政策を打ち出しました。長く続くデフレからぬけ出し、日本経済のたて直しをめざすものです。この政策は、安倍首相の名前と、エコノミクス(経済学)を組み合わせて、「アベノミクス」と呼ばれます。

アベノミクスの中身には、**大胆な金融政策**、**機動的な財政政策**、**民間投資を呼び起こす成長戦略**の3つの柱があり、これらを「3本の矢」としています。

第1の矢である大胆な金融政策は、金融緩和と呼ばれるものです。例えば、日本銀行に大量の国債を買ってもらうことにより、世の中のお金を増やして物価を上げるとともに、円安をめざすものです。物価が上がることを**インフレーション(インフレ)**と言います。物価が上がることで、企業の利益が増え、会社で働く人の給料が上がると、ますますものが売れるようになります。また、近い将来、物価が上がりそうだと、早めに買い物をする人が増え、ものが売れるようになります。こうした状態が続くと、好景気になります。また、円安になると、海外に商品を売っている企業は利益が上がり、やはり好景気につながります。

第2の矢の機動的な(状況に応じてすばやく対応する)財政政策は、国が行う公共事業を増やすことで、世の中にお金がたくさん行きわたるようにすることです。国が使うお金は企業にわたるので、利益を上げる会社が増えて、好景気になります。

ただし、国が使うお金が増えると、それだけ国の借金が増えることになるので、早めに企業が国の事業をあてにしなくてもよい状態にならなければなりません。

第3の矢の民間投資を呼び起こす成長戦略は、企業が成長していくための政策です。そのための1つに、新しい産業をおこすことが挙げられています。これまでになかった産業をつくり出すことで企業が増え、働き手の受け入れ先が増えます。新しい産業がおこりやすくするために、国や地方公共団体による規制をゆるめたり、女性が働きやすい環境を整えたりする方針が打ち出されています。

アベノミクスの成果は？

アベノミクスが進む中、2014(平成26)年4月には、消費税率が5％から8％に上げられました。このため、商品の売れ行きが悪くなり、次の消費税率引き上げが延期されました。

2014(平成26)年12月に行われた衆議院議員選挙では、アベノミクスをこのまま続けていくことがよいかどうかが問われましたが、与党が勝ち、アベノミクスが続けられることになりました。与党は、アベノミクスによって株の値段が上がり、経済成長が続いているとして、その成果を強調しています。しかし、いっぽうでは、景気はよくなっていないという意見もあります。

現実の経済は複雑で、経済政策によって成果をあげることは難しく、ある程度の時間がかかるのです。

アベノミクスの3本の矢

日本経済を回復させるために、2012年に発足した安倍内閣が打ち出した経済政策をアベノミクスと言います。アベノミクスの3つの柱は、「3本の矢」にたとえられます。

これで日本経済は復活！

第1の矢 大胆な金融政策
世の中に出回るお金を増やすことにより、物価を上げ（インフレーション）、円安をめざします。

第2の矢 機動的な財政政策
国が行う事業を増やし、世の中に出回るお金を増やします。企業に入るお金が増えて、景気がよくなります。

第3の矢 民間投資を呼び起こす成長戦略
世の中になかった産業をおこすことにとって、企業が増え、働く人がたくさんやとわれるようになります。

アベノミクスの成果

2012年11月に8661円だった株価（日経平均）が、2013年末に1万6291円になった。経済成長が上向いてきた。

GDP（国内総生産）の成長率が、2012年7-9月期でマイナス3.6％だったのが、2013年1-3月期にプラス4.5％になった。

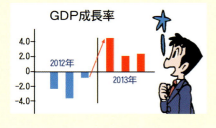

失業率が下がってきた。2012年11月の4.2％が、2013年11月には、4.0％になった。

2012年11月に1ドル79.5円だったが、2013年末には105.3円になった。円安が進んでいる。

どうです。成果が出ているでしょう。

景気はよくなっていない。

くらしは楽になっていない。

税金の負担が増えるのは困る。

47

さくいん

あ
赤字国債 …………………… 26、27
新しい権利 …………………… 8、9
アベノミクス ………………… 45〜47
アメリカ軍基地 ……… 12、13、15、17
安全保障関連法 ……………… 22、23
イギリス ………………………… 11
いざなぎ景気 …………………… 45
岩戸景気 ………………………… 45
インフレーション ……………… 45
沖縄 …………………………… 14〜17
思いやり予算 …………………… 14

か
外交 …………………………… 30、31
海上自衛隊 ……………………… 7
株価 …………………………… 47
環境権 ………………………… 8、9
間接税 ………………………… 24、25
機動的な財政政策 …………… 46、47
基本的人権の尊重 …………… 4、5、8
行政処分 ………………………… 5
行政手続における特定の個人を識別するため
の番号の利用等に関する法律 … 36
ギリシャ ………………………… 29
金融緩和 ………………………… 46
景気 …………………………… 42、43
経済危機 ………………………… 29
元首 ……………………………… 8
建設国債 ……………………… 26、27
憲法解釈 ……………………… 19〜21
憲法改正 ……………………… 8〜10
憲法第9条 …………………… 6〜8
航空自衛隊 ……………………… 7
好景気 …………………………… 42
公債 ……………………………… 26
高度経済成長期 ………………… 44
国債 …………………………… 26、27
国際支援法案 …………………… 22
国税 …………………………… 24、25
国内総生産 …………………… 26、47
国民主権 ……………………… 4、5
国民投票 ……………………… 10、11
国連憲章 ………………………… 18
個人情報流出 …………………… 40
個人番号カード ………………… 37
国家安全保障会議 ……………… 32
国境なき記者団 ………………… 34
個別的自衛権 ………………… 18、19

さ
災害対策 ……………………… 38、39
歳出 …………………………… 26、27
財政 …………………………… 26、27
財政法 …………………………… 26
歳入 …………………………… 26、27
3本の矢 ……………………… 46、47
自衛権 ……… 6、7、18、19、22、23
GHQ …………………………… 5
失業率 ………………………… 42、47
GDP ………………………… 26、47
資本主義経済 …………………… 42
社会保障 ……………………… 38、39
集団的自衛権 ……… 18〜21、23
住民税 …………………………… 24
象徴 ……………………………… 8
消費税 …………………………… 24
消費税率 ………………… 24、25、28

省令 ……………………………… 5
所得税 …………………………… 24
知る権利 …………… 8、9、34、35
神武景気 ………………………… 45
税金 ………………… 24、25、38〜40
政令 ……………………………… 5
石油危機 ………………………… 44
戦力 …………………………… 6、7
相続 ……………………………… 38
相続税 ………………………… 24、38

た
第一次石油危機 ………………… 45
大胆な金融政策 ……………… 46、47
第二次石油危機 ………………… 45
地方債 …………………………… 26
地方税 ………………………… 24、25
朝鮮戦争 ……………………… 12、45
直接税 ………………………… 24、25
通知カード ……………………… 37
適性評価 ………………………… 30
デフレーション ……………… 44、45
テロ活動防止 ………………… 30、31
天皇 …………………………… 8、9
特定秘密 ……………………… 30〜34
特定秘密保護法 ……………… 30〜35
特定有害活動の防止 ………… 30、31
特例国債 ………………………… 26

な
内閣総理大臣 …………………… 7
日米安全保障条約 …………… 12、13
日米地位協定 …………………… 14
日本年金機構 ………………… 40、41
日本版NSC …………………… 32
日本国憲法 ……………………… 4
日本国憲法の改正手続に関する法律 … 10

は
鳩山由紀夫首相 ………………… 16
バブル景気 ……………………… 45
バブル経済 ……………………… 44
表現の自由 …………………… 34、35
不景気 …………………………… 42
復興国債 ………………………… 26
普天間基地 …………………… 16、17
プライバシー権 ……………… 8、9
フリーター ……………………… 42
ふるさと納税 …………………… 25
平和安全法制 …………………… 22
平和安全法整備法案 …………… 22
平和主義 ……………………… 4、5
辺野古 ………………………… 16、17
防衛 …………………………… 30、31
防衛省 …………………………… 7
防衛大臣 ………………………… 7
報道の自由 ……………………… 35
法律 ……………………………… 5
法人税 …………………………… 24

ま
マイナンバー ……… 36、38〜40
マイナンバー制度 ……… 37、39、41
マイナンバー法 ………………… 36
民間投資を呼び起こす成長戦略 … 46、47

ら
陸上自衛隊 ……………………… 7
リストラ ………………………… 42
リストラクチュアリング ……… 42

リーマン・ショック ………… 44、45
リーマン・ブラザーズ ………… 45
連合国軍総司令部 ……………… 5

48

●**改訂版！はてな？なぜかしら？日本の問題**〈全3巻〉

監修　池上彰

1950年、長野県生まれ。大学卒業後、NHKに記者として入局する。社会部などで活躍し、事件、災害、消費者問題などを担当し、教育問題やエイズ問題のNHK特集にもたずさわる。1994年4月からは、「週刊こどもニュース」のおとうさん役兼編集長を務め、わかりやすい解説で人気となった。2012年から東京工業大学教授。

おもな著書に、『一気にわかる！池上彰の世界情勢2016』（毎日新聞出版）、『池上彰の世界の見方』（小学館）、『大世界史』（文藝春秋）、『池上彰の戦争を考える』（KADOKAWA）がある。

●**編集協力**
　有限会社大悠社

●**表紙デザイン・アートディレクション**
　京田クリエーション

●**本文デザイン**
　木村ミユキ

●**イラスト**
　森永みぐ
　もちつきかつみ

●**図版**
　アトリエ・プラン

●**表紙写真**
　© 共同通信社 / アマナイメージズ
　AA/ 時事通信フォト

改訂版！はてな？なぜかしら？日本の問題
1巻　改訂版！はてな？なぜかしら？政治・経済問題

2016年2月10日　　初版発行

発行者　　升川秀雄
編集　　　松田幸子
発行所　　株式会社教育画劇
　　　　　〒151-0051　東京都渋谷区千駄ヶ谷 5-17-15
　　　　　TEL：03-3341-3400　FAX：03-3341-8365
　　　　　http://www.kyouikugageki.co.jp
印刷・製本　大日本印刷株式会社

48P 297 × 210mm　NDC817 ISBN 978-4-7746-2052-7
Published by Kyouikugageki, inc., Printed in Japan
本書の無断転写・複製・転載を禁じます。乱丁、落丁本はお取り替えいたします。

改訂版！ はてな？ なぜかしら？ 日本の問題シリーズ

①改訂版！ はてな？ なぜかしら？
政治・経済問題

②改訂版！ はてな？ なぜかしら？
社会・教育問題

③改訂版！ はてな？ なぜかしら？
文化・科学問題